그리스도인의 새생명

이문선 지음 · 두루제자훈련원 편

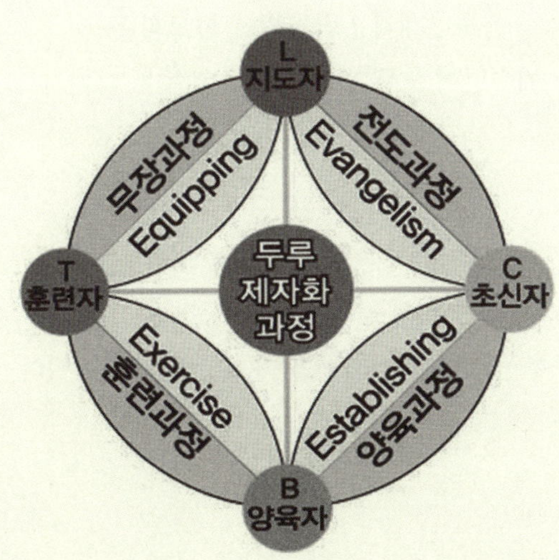

엔크리스토
ENCHRISTO

"예수께서 모든 도시와 마을에 두루 다니사
그들의 회당에서 가르치시며
천국 복음을 전파하시며
모든 병과 모든 약한 것을 고치시니라"

(마 9:35)

두루제자훈련원(두루선교회)은
예수님이 모든 도시와 마을에 두루 다니사
가르치시며(teaching ministry)
전파하시며(preaching ministry)
고치시는(healing ministry)
사역을 하신 것을 통하여
두루선교에 대한 비전을 가지고 사역하고 있다.

…두루제자훈련 교재를 발간하며

주님께서 우리에게 부탁하신 지상명령은 이 땅 위에 하나님의 나라를 확장하라는 것입니다.

하나님의 나라를 확장하려면 평신도들이 재생산하는 주님의 제자가 되어야 합니다.

주님의 교회는 성도들을 재생산하는 제자로 훈련시켜야 합니다.

이것은 교회 성장을 넘어 교회보다 더 큰 개념인 하나님 나라의 확장을 이루기 위한 것입니다. 우리는 지상명령을 실천하기 위하여 평신도를 무장하려고 합니다.

이 일을 위한 방편으로 그 동안 교회의 목회 현장에서 목회자들과 성도들과 청년들과 함께 공부해 오던 내용들을 정리하여 부족하지만 교재로 출간하게 되었습니다.

본인의 경우 부교역자 때 처음 청년부에 적용해 보았는데 그들이 예수님을 영접하고 말씀을 열심히 배우고 교회로 돌아오고 변화되는 것을 경험하였습니다.

교회를 개척하여 장년부에도 적용하여 보았는데 기존 교인들보다 오히려 초신자들이 더 열심히 배우고 빠르게 성장하는 것을 경험하였습니다.

고등학생 두 명을 데리고 제자성경공부를 시작하였는데 이들이 크게 성장하여 이후 대학에 들어가 캠퍼스에서 제자훈련을 실시하게 되었습니다.

복음을 듣고 교회 출석하여 6개월만에 학습 받고 캠퍼스 리더로 사역하는 모델도 나왔습니다. 큰 교회는 말할 것도 없거니와 작은 교회는 한번 실시해 보기를 권합니다.

개척교회라 사람이 없으면 여자반, 남자반, 청년반, 학생반 네 반을 만들어 각 반에 최소 두 명으로 시작해 볼 것을 권합니다. 교회가 건강하게 성장하고 성도들이 행복하게 신앙 생활하며 재생산하는 것을 경험하게 될 것입니다.

하나님께서 훈련되고 무장된 성도들을 구름 떼와 같이 일으키셔서 하나님의 나라가 크게 확장되어 가기를 소망합니다.

2006. 새해 아침에

이문선(Moon Sun Lee)

≫목회자반

두루제자훈련 교재를 가지고 교회 평신도들에게 성경공부를 매주 실시하였습니다.

제가 배우는 교재로 교육 받은 과정 그대로를 성도들에게 가르쳤을 때 그들이 변화되는 것을 볼 수 있었습니다.

성경공부를 사모하여 빠지는 분이 없고, 신앙의 깊이가 없었던 어떤 제직은 체계적인 성경공부를 통하여 분명한 구원의 확신은 물론이며 몇 주 지나지 않았지만 헌신하고 봉사하는 태도가 예전보다는 확실하게 달라진 것을 보았습니다. 이제는 적극적으로 변하여 성경공부와 제자훈련에 더 깊은 관심과 사모함을 보여주고 있습니다.

이런 모습을 보면서 이 사역이 지속되어 건강하고 온전히 헌신된 성도를 양육할 수 있기를 바라고, 좋은 사역이라고 굳게 믿게 되었습니다.

≫평신도반

6년 전 처음 이 성경공부를 했을 때와 내가 배운 것과 가르친 것을 합하여 아홉 번쯤 되는 지금 이 시점에서 나의 고백은 동일하다.

그때나 지금이나 매 시간마다 하나님께서는 말씀을 통해 내게 다가오셨고 그 말씀은 곧 놀라운 능력이 되어 나를 변화시키셨다.

6년 전, 예수님을 영접한 지 1년도 채 안된 내가 이 성경공부를 통해 빠르게 성장하는 것을 보고 사람들은 놀라워했고, 나는 각 과마다 하나님께서 내게 하시는 말씀들이 내 안에 능력으로 역사하시는 것을 경험했다.

지금도 이 교재를 다시 배우고, 다시 가르쳐도 하나님은 더 깊고, 더 풍성한 것들을 내게 말씀하시고, 그 인자한 말씀 앞에, 그 분명한 진리 앞에 무릎을 꿇게 하시고 오직 그 분의 능력에 나를 맡기게 하신다.

제6권 210 제자훈련과정 1단계
그리스도인의 새생명

거듭남의 진리와 그리스도께서 우리의 구원을 위해
죽으신 진리에 대해 밝히 배우게 된다.

두루제자훈련 교재를 발간하며 | 3

소감록 | 4

이 책을 사용하는 이에게 | 6

211 · 제1과_ 새생명의 필요성 | 7

212 · 제2과_ 거듭남 | 17

213 · 제3과_ 하나님의 성품 | 27

214 · 제4과_ 유일한 중보자 | 37

215 · 제5과_ 그리스도의 생애 | 47

216 · 제6과_ 그리스도의 십자가 | 57

217 · 제7과_ 그리스도의 부활 | 67

출석부 | 77

두루제자훈련원 제자화 과정 | 78

두루제자훈련원 소개 | 79

1. 성령의 인도하심과 깨닫게 해주시기를 위해 기도하십시오.

2. 결석과 지각을 하지 않고 성실히 참석하도록 하십시오.

3. 예습과 복습을 철저히 하십시오.

4. 각 참고 구절의 배경과 의미를 파악하십시오.

5. 토의에 적극 참여하도록 하십시오.

6. 열린 마음으로 정답이 아니라 자신의 생각을 나누십시오.

7. 작은 실천을 구체적으로 적용하십시오.

8. 적용한 것을 실천하기 위해 기도하십시오.

9. 지식적인 성경공부보다 인격과 삶의 변화에 힘쓰십시오.

10. 각 과의 소감과 깨달은 말씀을 정리해 놓으십시오.

11. 과제를 철저히 하는 습관을 기르십시오.

12. 매일 경건 생활을 훈련하는 습관을 기르십시오.

1. 새생명의 필요성

"여호와 하나님이 그 사람에게 명하여 이르시대 동산 각종 나무의
열매는 네가 임의로 먹되 선악을 알게 하는 나무의 열매는 먹지 말라
네가 먹는 날에는 반드시 죽으리라 하시니라" (창 2:16-17)

성경의 대주제는 창조와 타락과 구속입니다.
인간은 어디서 왔다가 무엇을 하다가 어디로 가는 것일까?
삶의 목적과 의미는 무엇인가?
이런 인생의 궁극적인 질문에 답을 주는 것은 성경밖에 없습니다.
창세기는 시작의 책으로서 우주의 기원, 인간의 기원, 죄의 기원, 구원
이 어떻게 시작되었는가를 알려주고 있습니다.

1. 인간의 기원

(창 1:26) 하나님이 이르시되 우리의 형상을 따라 우리의 모양대로 우리가 사람을 만들고 그들로 바다의 물고기와 하늘의 새와 가축과 온 땅과 땅에 기는 모든 것을 다스리게 하자 하시고 (창 1:27) 하나님이 자기 형상 곧 하나님의 형상대로 사람을 창조하시되 남자와 여자를 창조하시고 (창 1:28) 하나님이 그들에게 복을 주시며 하나님이 그들에게 이르시되 생육하고 번성하여 땅에 충만하라, 땅을 정복하라, 바다의 물고기와 하늘의 새와 땅에 움직이는 모든 생물을 다스리라 하시니라

1) 인간은 어디서 왔습니까?(나의 기원)

> 우주와 인간의 기원에 관한 이론에는 진화론과 창조론이 있습니다. 많은 사람들이 진화론에 세뇌되어 진화론을 과학으로 알고 있는데 진화론은 과학이 아닙니다. 진화론이 하나의 가설에 입각한 신념이라면 창조론은 하나님의 말씀에 입각한 믿음입니다. (히 11:3) 믿음으로 모든 세계가 하나님의 말씀으로 지어진 줄을 우리가 아나니. 가설 대 말씀, 신념 대 신앙입니다. 어느 것을 믿겠습니까? 진화론은 시작과 과정과 결과를 설명하지 못합니다.

2) 인간을 창조하신 목적은 무엇입니까?

____

____

____

3) 창조주 하나님과 나는 어떤 관계라고 생각합니까?

____

____

____

4) 그럼 나는 어떻게 살아야겠습니까?

____

____

2. 하나님의 인간 창조

1) 하나님께서 인간을 어떤 모습으로 창조하셨습니까?

____

____

2) "하나님의 형상"이란 무엇을 의미합니까?

____

____

(엡 4:24) 하나님을 따라 의와 진리의 거룩함으로 지으심을 받은 새 사람을 입으
라

(골 3:10) 새 사람을 입었으니 이는 자기를 창조하신 이의 형상을 따라 지식에까지
새롭게 하심을 입은 자니라

____

____

____

3) 하나님은 인간을 어떻게 창조하셨습니까?

그리고 창조의 결과에 대한 하나님의 감상은 무엇입니까?

(창 2:7) 여호와 하나님이 땅의 흙으로 사람을 지으시고 생기를 그 코에 불어넣으
시니 사람이 생령이 되니라

(창 1:31) 하나님이 그 지으신 모든 것을 보시니 보시기에 심히 좋았더라 저녁이 되
며 아침이 되니 이는 여섯째 날이니라

____

____

____

4) 하나님이 처음 창조하신 인간과 지금 나의 모습은 어떻게 다르다고 봅니까?

나는 하나님의 형상으로 하나님과 교제하는 삶을 살고 있습니까?

인간은 범죄함으로써 이 하나님의 축복과 특권을 잃어버리게 되었습니다.

3. 죄의 기원

(창 3:1) 그런데 뱀은 여호와 하나님이 지으신 들짐승 중에 가장 간교하니라 뱀이 여자에게 물어 이르되 하나님이 참으로 너희에게 동산 모든 나무의 열매를 먹지 말라 하시더냐

(창 3:2) 여자가 뱀에게 말하되 동산 나무의 열매를 우리가 먹을 수 있으나 (창 3:3) 동산 중앙에 있는 나무의 열매는 하나님의 말씀에 너희는 먹지도 말고 만지지도 말라 너희가 죽을까 하노라 하셨느니라 (창 3:4) 뱀이 여자에게 이르되 너희가 결코 죽지 아니하리라 (창 3:5) 너희가 그것을 먹는 날에는 너희 눈이 밝아져 하나님과 같이 되어 선악을 알 줄 하나님이 아심이니라 (창 3:6) 여자가 그 나무를 본즉 먹음직도 하고 보암직도 하고 지혜롭게 할 만큼 탐스럽기도 한 나무인지라 여자가 그 열매를 따먹고 자기와 함께 있는 남편에게도 주매 그도 먹은지라

1) 죄가 어떻게 들어왔습니까?

---

2) 인간이 타락한 원인은 무엇입니까?(죄란 무엇인가?)

---

3) 선악과의 의미는 무엇이라고 생각합니까?

____

____

4) 아담의 타락과 나는 어떤 관계가 있습니까?

　　죄가 나의 삶 속에서 어떤 모습(형태)으로 나타나고 있습니까?

　　지금 내가 회개해야 할 죄는 무엇입니까?

(롬 5:12) 그러므로 한 사람으로 말미암아 죄가 세상에 들어오고 죄로 말미암아 사망이 들어왔나니 이와 같이 모든 사람이 죄를 지었으므로 사망이 모든 사람에게 이르렀느니라

____

____

____

4. 죄의 결과

(창 3:7) 이에 그들의 눈이 밝아져 자기들이 벗은 줄을 알고 무화과나무 잎을 엮어 치마로 삼았더라 (창 3:8) 그들이 그 날 바람이 불 때 동산에 거니시는 여호와 하나님의 소리를 듣고 아담과 그의 아내가 여호와 하나님의 낯을 피하여 동산 나무 사이에 숨은지라 (창 3:9) 여호와 하나님이 아담을 부르시며 그에게 이르시되 네가 어디 있느냐 (창 3:10) 이르되 내가 동산에서 하나님의 소리를 듣고 내가 벗었으므로 두려워하여 숨었나이다 (창 3:11) 이르시되 누가 너의 벗었음을 네게 알렸느냐 내가 네게 먹지 말라 명한 그 나무 열매를 네가 먹었느냐 (창 3:12) 아담이 이르되 하나님이 주셔서 나와 함께 있게 하신 여자 그가 그 나무 열매를 내게 주므로 내가 먹었나이다 (창 3:13) 여호와 하나님이 여자에게 이르시되 네가 어찌하여 이렇게 하였느냐 여자가 이르되 뱀이 나를 꾀므로 내가 먹었나이다 (창 3:14) 여호와 하나님이 뱀에게 이르시되 네가 이렇게 하였으니 네가 모든 가축과 들의 모든 짐승보다 더욱 저주를 받아 배로 다니고 살아 있는 동안 흙을 먹을지니라 (창 3:15) 내

가 너로 여자와 원수가 되게 하고 네 후손도 여자의 후손과 원수가 되게 하리니 여자의 후손은 네 머리를 상하게 할 것이요 너는 그의 발꿈치를 상하게 할 것이니라 하시고 (창 3:16) 또 여자에게 이르시되 내가 네게 임신하는 고통을 크게 더하리니 네가 수고하고 자식을 낳을 것이며 너는 남편을 원하고 남편은 너를 다스릴 것이니라 하시고 (창 3:17) 아담에게 이르시되 네가 네 아내의 말을 듣고 내가 네게 먹지 말라 한 나무의 열매를 먹었은즉 땅은 너로 말미암아 저주를 받고 너는 네 평생에 수고하여야 그 소산을 먹으리라 (창 3:18) 땅이 네게 가시덤불과 엉겅퀴를 낼 것이라 네가 먹을 것은 밭의 채소인즉 (창 3:19) 네가 흙으로 돌아갈 때까지 얼굴에 땀을 흘려야 먹을 것을 먹으리니 네가 그것에서 취함을 입었음이라 너는 흙이니 흙으로 돌아갈 것이니라 하시니라 (창 3:20) 아담이 그의 아내의 이름을 하와라 불렀으니 그는 모든 산 자의 어머니가 됨이더라 (창 3:21) 여호와 하나님이 아담과 그의 아내를 위하여 가죽옷을 지어 입히시니라 (창 3:22) 여호와 하나님이 이르시되 보라 이 사람이 선악을 아는 일에 우리 중 하나 같이 되었으니 그가 그의 손을 들어 생명 나무 열매도 따먹고 영생할까 하노라 하시고 (창 3:23) 여호와 하나님이 에덴 동산에서 그를 내보내어 그의 근원이 된 땅을 갈게 하시니라 (창 3:24) 이같이 하나님이 그 사람을 쫓아내시고 에덴 동산 동쪽에 그룹들과 두루 도는 불 칼을 두어 생명 나무의 길을 지키게 하시니라

1) 죄의 결과 인간은 어떻게 되었습니까?

2) 죄의 결과를 볼 때 하나님은 어떤 분이십니까?

(창 2:17) 선악을 알게 하는 나무의 열매는 먹지 말라 네가 먹는 날에는 반드시 죽으리라 하시니라

---

3) 죄의 결과 나는 어떤 상태로 출생하였습니까?

---

4) 죄의 결과 현재 내가 고통받고 있는 것은 무엇입니까?

---

5. 영적 죽음의 상태

(엡 2:1) 그는 허물과 죄로 죽었던 너희를 살리셨도다

(엡 2:2) 그 때에 너희는 그 가운데서 행하여 이 세상 풍조를 따르고 공중의 권세 잡은 자를 따랐으니 곧 지금 불순종의 아들들 가운데서 역사하는 영이라

(엡 2:3) 전에는 우리도 다 그 가운데서 우리 육체의 욕심을 따라 지내며 육체와 마음의 원하는 것을 하여 다른 이들과 같이 본질상 진노의 자녀이었더니

(엡 2:12) 그 때에 너희는 그리스도 밖에 있었고 이스라엘 나라 밖의 사람이라 약속의 언약들에 대하여는 외인이요 세상에서 소망이 없고 하나님도 없는 자이더니

(엡 4:18) 그들의 총명이 어두워지고 그들 가운데 있는 무지함과 그들의 마음이 굳어짐으로 말미암아 하나님의 생명에서 떠나 있도다

1) 인간이 영적으로 죽었다는 것은 무엇을 의미하고, 죽은 이유는 무엇입니까?

---

2) 영적으로 죽은 자는 어떻게 살아갑니까?

　 그리고 그 의미를 설명해 보십시오.

3) 내가 영적으로 죽은 자처럼 살고 있는 것은 무엇입니까?

4) 나는 살았다고 하지만 영적으로 죽은 자처럼 살고 있지는 않습니까?

　 나는 영적으로 죽은 자입니까, 산 자입니까?

　 죽었다면 살기 위하여 어떻게 해야 하겠습니까?

1. 새생명을 얻어야 할 필요성은 무엇입니까?

소감 및 깨달은 말씀

2. 거듭남

"예수께서 대답하시되 진실로 진실로 네게 이르노니 사람이 물과 성령으로 나지
아니하면 하나님의 나라에 들어갈 수 없느니라" (요 3:5)

2

인간은 범죄함으로 영적으로 죽었고, 새생명을 얻어야 할 필요성이 있게 되었습니다.

이 영적 죽음의 문제를 해결하고 새생명을 얻기 위해서는 거듭나야 합니다.

이 거듭남에 대한 진리는 예수님과 니고데모와의 대화와 하신 말씀을 통해서 배울 수 있습니다.

1. 니고데모의 신분

(요 3:1) 바리새인 중에 니고데모라 하는 사람이 있으니 유대인의 지도자라

(요 3:2) 그가 밤에 예수께 와서 이르되 랍비여 우리가 당신은 하나님께로부터 오신 선생인 줄 아나이다 하나님이 함께 하시지 아니하시면 당신이 행하시는 이 표적을 아무도 할 수 없음이니이다

(요 3:3) 예수께서 대답하여 이르시되 진실로 진실로 네게 이르노니 사람이 거듭나지 아니하면 하나님의 나라를 볼 수 없느니라

(요 3:10) 예수께서 그에게 대답하여 이르시되 너는 이스라엘의 선생으로서 이러한 것들을 알지 못하느냐

(요 19:39) 일찍이 예수께 밤에 찾아왔던 니고데모도 몰약과 침향 섞은 것을 백 리트라쯤 가지고 온지라

1) 니고데모는 어떤 신분의 사람이었습니까?

　그 신분은 어떤 종류의 신분이고, 무엇을 의미한다고 생각합니까?

2) 니고데모는 오늘날로 말하면 어떤 사람입니까?

3) 나는 니고데모의 신앙을 통해서 어떤 점을 배울 수 있습니까?

____

____

____

4) 나는 니고데모처럼 되려고 추구하는 사람은 아닙니까?

　　나도 니고데모처럼 직분이나 신앙의 연조나 십일조와 주일성수와 금식
을 철저히 함으로 새생명을 얻으려고 하는 것은 없습니까?

　　나는 지금 니고데모와 같은 상태의 사람은 아닙니까?

____

____

____

2. 니고데모의 방문

(요 2:23) 유월절에 예수께서 예루살렘에 계시니 많은 사람이 그의 행하시는 표적
을 보고 그의 이름을 믿었으나

(요 3:2) 그가 밤에 예수께 와서 이르되 랍비여 우리가 당신은 하나님께로부터 오
신 선생인 줄 아나이다 하나님이 함께 하시지 아니하시면 당신이 행하시는 이 표
적을 아무도 할 수 없음이니이다

(요 3:3) 예수께서 대답하여 이르시되 진실로 진실로 네게 이르노니 사람이 거듭나
지 아니하면 하나님의 나라를 볼 수 없느니라

(요 3:4) 니고데모가 이르되 사람이 늙으면 어떻게 날 수 있사옵나이까 두 번째 모
태에 들어갔다가 날 수 있사옵나이까

1) 니고데모가 예수님을 찾아온 이유는 무엇이라고 생각합니까?

____

____

____

____

2) 니고데모는 예수님을 누구로 알았습니까?

3) 그렇게 예수님을 이해한 것은 어떤 점에서입니까?

4) 나는 예수님을 누구로 알고 있고, 누구로 고백하고 있습니까?

3. 거듭남의 도전

(요 3:3) 예수께서 대답하여 이르시되 진실로 진실로 네게 이르노니 사람이 거듭나지 아니하면 하나님의 나라를 볼 수 없느니라

(요 3:4) 니고데모가 이르되 사람이 늙으면 어떻게 날 수 있사옵나이까 두 번째 모태에 들어갔다가 날 수 있사옵나이까

(요 3:5) 예수께서 대답하시되 진실로 진실로 네게 이르노니 사람이 물과 성령으로 나지 아니하면 하나님의 나라에 들어갈 수 없느니라

(요 3:6) 육으로 난 것은 육이요 영으로 난 것은 영이니

(요 3:7) 내가 네게 거듭나야 하겠다 하는 말을 놀랍게 여기지 말라

1) 예수님이 강조하여 말씀하신 것은 무엇입니까? 몇 번 말씀하셨습니까?

2) 거듭남이란 무엇입니까?

____

____

____

3) 무엇으로 거듭날 수 있습니까?

여기에는 여러 가지 이론이 있지만 자신의 생각을 말해 보십시오.

____

____

____

____

____

____

____

4) 나는 거듭났습니까? 내가 거듭나기 위해서는 어떻게 해야 하겠습니까?
나는 전도대상자를 거듭나게 하기 위해 어떻게 하겠습니까?

____

4. 거듭남의 증거

(요 3:8) 바람이 임의로 불매 네가 그 소리는 들어도 어디서 와서 어디로 가는지 알지 못하나니 성령으로 난 사람도 다 그러하니라

(요 3:14) 모세가 광야에서 뱀을 든 것 같이 인자도 들려야 하리니

(요 3:15) 이는 그를 믿는 자마다 영생을 얻게 하려 하심이니라

(요 3:16) 하나님이 세상을 이처럼 사랑하사 독생자를 주셨으니 이는 그를 믿는 자

마다 멸망하지 않고 영생을 얻게 하려 하심이라

(요 3:21) 진리를 따르는 자는 빛으로 오나니 이는 그 행위가 하나님 안에서 행한 것임을 나타내려 함이라 하시니라

1) 거듭났다는 사실을 무엇을 통해 알 수 있습니까?

2) 거듭난 사람은 무엇을 얻게 되고, 그 의미는 무엇입니까?

3) 영생과 하나님 나라는 어떤 관계가 있습니까?

4) 하나님이 나를 사랑하신 결과가 무엇입니까?
   나는 이 하나님의 사랑에 대해 어떻게 반응하고 보답하겠습니까?

5. 거듭남의 결과

1) 거듭나지 않았을 때의 상태는 무엇입니까?

(요 3:3) 예수께서 대답하여 이르시되 진실로 진실로 네게 이르노니 사람이 거듭나지 아니하면 하나님의 나라를 볼 수 없느니라

(요 3:18) 그를 믿는 자는 심판을 받지 아니하는 것이요 믿지 아니하는 자는 하나님의 독생자의 이름을 믿지 아니하므로 벌써 심판을 받은 것이니라

(요 3:19) 그 정죄는 이것이니 곧 빛이 세상에 왔으되 사람들이 자기 행위가 악하므로 빛보다 어둠을 더 사랑한 것이니라

(요 3:20) 악을 행하는 자마다 빛을 미워하여 빛으로 오지 아니하나니 이는 그 행위가 드러날까 함이요

(요 3:36) 아들을 믿는 자에게는 영생이 있고 아들에게 순종하지 아니하는 자는 영생을 보지 못하고 도리어 하나님의 진노가 그 위에 머물러 있느니라

2) 거듭났을 때의 상태는 무엇입니까?

(요 3:3) 사람이 거듭나지 아니하면 하나님의 나라를 볼 수 없느니라

(요 3:5) 물과 성령으로 나지 아니하면 하나님의 나라에 들어갈 수 없느니라

(요 3:16) 하나님이 세상을 이처럼 사랑하사 독생자를 주셨으니 이는 그를 믿는 자마다 멸망하지 않고 영생을 얻게 하려 하심이라

(요 3:17) 하나님이 그 아들을 세상에 보내신 것은 세상을 심판하려 하심이 아니요 그로 말미암아 세상이 구원을 받게 하려 하심이라

(요 3:18) 그를 믿는 자는 심판을 받지 아니하는 것이요 믿지 아니하는 자는 하나님의 독생자의 이름을 믿지 아니하므로 벌써 심판을 받은 것이니라

(요 3:21) 진리를 따르는 자는 빛으로 오나니 이는 그 행위가 하나님 안에서 행한 것임을 나타내려 함이라 하시니라

3) 예수님을 믿는 것과 심판은 어떤 관계가 있습니까?

____

____

4) 나는 지금 거듭난 상태에 있습니까? 거듭나지 않은 상태에 있습니까?

거듭나지 않았다면 이대로 살겠습니까? 아니면 거듭난 상태로 살기를
원합니까?

내가 거듭났다고 하면서도 거듭나지 않은 사람처럼 살고 있는 이유는 무
엇입니까?

내가 거듭났다면 어떻게 살겠습니까?

____

____

____

이 과를 마치면서

1. 나는 거듭났습니까?
새생명을 가지고 있는가 스스로 점검해 보십시오.

소감 및 깨달은 말씀

3. 하나님의 성품

"사랑은 여기 있으니 우리가 하나님을 사랑한 것이 아니요 하나님이 우리를
사랑하사 우리 죄를 속하기 위하여 화목제물로 그 아들을 보내셨음이라"(요일 4:10)

3

하나님의 성품에는 여러 가지가 있으나, 동전의 양면과 같은 두 가지 성품은 하나님의 거룩과 사랑입니다.
하나님의 거룩과 사랑은 그리스도께서 십자가에서 죽으신 이유를 밝혀 줍니다.

1. 하나님의 거룩

1) 거룩이란 무엇입니까?

　거룩한 것들에는 어떤 것들이 있는지 실례를 들어보십시오.

(레 22:2) 아론과 그의 아들들에게 말하여 그들로 이스라엘 자손이 내게 드리는 그 성물에 대하여 스스로 구별하여 내 성호를 욕되게 함이 없게 하라

____

____

　"하나님이 거룩하시다"는 것은 무엇을 의미합니까?

(출 15:11) 주와 같이 거룩함으로 영광스러우며 찬송할 만한 위엄이 있으며 기이한 일을 행하는 자가 누구니이까

____

____

2) 거룩하신 하나님은 어떤 분이십니까?

(합 1:13) 주께서는 눈이 정결하시므로 악을 차마 보지 못하시며 패역을 차마 보지 못하시거늘

(롬 1:18) 하나님의 진노가 불의로 진리를 막는 사람들의 모든 경건하지 않음과 불의에 대하여 하늘로부터 나타나나니

____

____

3) 나는 거룩하신 하나님 앞에 어떤 존재라고 생각합니까?

(갈 3:10) 기록된 바 누구든지 율법 책에 기록된 대로 모든 일을 항상 행하지 아니하는 자는 저주 아래에 있는 자라 하였음이라

(엡 2:3) 전에는 우리도 다 그 가운데서 우리 육체의 욕심을 따라 지내며 육체와 마음의 원하는 것을 하여 다른 이들과 같이 본질상 진노의 자녀이었더니

(히 9:27) 한번 죽는 것은 사람에게 정해진 것이요 그 후에는 심판이 있으리니

(벧후 3:7) 이제 하늘과 땅은 그 동일한 말씀으로 불사르기 위하여 보호하신 바 되

어 경건하지 아니한 사람들의 심판과 멸망의 날까지 보존하여 두신 것이니라

____

____

4) 내가 구별되게 살지 못하는 것은 무엇입니까?

　　내가 거룩하게 구별해야 할 것은 무엇입니까?

____

____

2. 하나님의 거룩의 요구

1) 거룩하신 하나님이 우리에게 요구하시는 것은 무엇입니까?

(벧전 1:15) 오직 너희를 부르신 거룩한 이처럼 너희도 모든 행실에 거룩한 자가

되라

(벧전 1:16) 기록되었으되 내가 거룩하니 너희도 거룩할지어다 하셨느니라

____

2) 거룩하신 하나님처럼 거룩하게 사는 사람이 있습니까?

(롬 3:9) 그러면 어떠하냐 우리는 나으냐 결코 아니라 유대인이나 헬라인이나 다

죄 아래에 있다고 우리가 이미 선언하였느니라

(롬 3:10) 기록된 바 의인은 없나니 하나도 없으며

(롬 3:23) 모든 사람이 죄를 범하였으매 하나님의 영광에 이르지 못하더니

____

3) 거룩하신 하나님과 인간과의 관계는 어떻게 되었습니까?

(사 59:2) 오직 너희 죄악이 너희와 너희 하나님 사이를 갈라 놓았고 너희 죄가 그

의 얼굴을 가리어서 너희에게서 듣지 않으시게 함이니라

____

____

4) 나의 거룩하지 못한 삶의 모습은 어떤 것입니까?

나의 거룩하지 못한 모습을 보지 못하고 나는 무엇을 내세우고 있습니까? (롬 3:10) 기록된 바 의인은 없나니 하나도 없으며 (롬 3:11) 깨닫는 자도 없고 하나님을 찾는 자도 없고 (롬 3:12) 다 치우쳐 함께 무익하게 되고 선을 행하는 자는 없나니 하나도 없도다 (롬 3:13) 그들의 목구멍은 열린 무덤이요 그 혀로는 속임을 일삼으며 그 입술에는 독사의 독이 있고 (롬 3:14) 그 입에는 저주와 악독이 가득하고 (롬 3:15) 그 발은 피 흘리는 데 빠른지라 (롬 3:16) 파멸과 고생이 그 길에 있어 (롬 3:17) 평강의 길을 알지 못하였고 (롬 3:18) 그들의 눈 앞에 하나님을 두려워함이 없느니라 함과 같으니라

3. 인간의 죄의 결과

1) 거룩하게 살지 못한 죄의 결과는 무엇입니까?
(롬 6:23) 죄의 삯은 사망이요 하나님의 은사는 그리스도 예수 우리 주 안에 있는 영생이니라

2) "삯"의 의미가 무엇입니까?

3) 죄의 대가로 현재 받고 있는 심판들은 어떤 것이 있습니까?
(롬 1:18) 하나님의 진노가 불의로 진리를 막는 사람들의 모든 경건하지 않음과 불의에 대하여 하늘로부터 나타나나니 (롬 1:19) 이는 하나님을 알 만한 것이 그들 속에 보임이라 하나님께서 이를 그들에게 보이셨느니라

(롬 1:20) 창세로부터 그의 보이지 아니하는 것들 곧 그의 영원하신 능력과 신성이 그가 만드신 만물에 분명히 보여 알려졌나니 그러므로 그들이 핑계하지 못할지니라 (롬 1:21) 하나님을 알되 하나님을 영화롭게도 아니하며 감사하지도 아니하고 오히려 그 생각이 허망하여지며 미련한 마음이 어두워졌나니 (롬 1:22) 스스로 지혜 있다 하나 어리석게 되어 (롬 1:23) 썩어지지 아니하는 하나님의 영광을 썩어질 사람과 새와 짐승과 기어다니는 동물 모양의 우상으로 바꾸었느니라 (롬 1:24) 그러므로 하나님께서 그들을 마음의 정욕대로 더러움에 내버려 두사 그들의 몸을 서로 욕되게 하게 하셨으니 (롬 1:25) 이는 그들이 하나님의 진리를 거짓 것으로 바꾸어 피조물을 조물주보다 더 경배하고 섬김이라 주는 곧 영원히 찬송할 이시로다 아멘

(롬 1:26) 이 때문에 하나님께서 그들을 부끄러운 욕심에 내버려 두셨으니 곧 그들의 여자들도 순리대로 쓸 것을 바꾸어 역리로 쓰며 (롬 1:27) 그와 같이 남자들도 순리대로 여자 쓰기를 버리고 서로 향하여 음욕이 불 일듯 하매 남자가 남자와 더불어 부끄러운 일을 행하여 그들의 그릇됨에 상당한 보응을 그들 자신이 받았느니라 (롬 1:28) 또한 그들이 마음에 하나님 두기를 싫어하매 하나님께서 그들을 그 상실한 마음대로 내버려 두사 합당하지 못한 일을 하게 하셨으니 (롬 1:29) 곧 모든 불의, 추악, 탐욕, 악의가 가득한 자요 시기, 살인, 분쟁, 사기, 악독이 가득한 자요 수군수군하는 자요 (롬 1:30) 비방하는 자요 하나님께서 미워하시는 자요 능욕하는 자요 교만한 자요 자랑하는 자요 악을 도모하는 자요 부모를 거역하는 자요 (롬 1:31) 우매한 자요 배약하는 자요 무정한 자요 무자비한 자라 (롬 1:32) 그들이 이같은 일을 행하는 자는 사형에 해당한다고 하나님께서 정하심을 알고도 자기들만 행할 뿐 아니라 또한 그런 일을 행하는 자들을 옳다 하느니라

4) 나는 지금 죄 때문에 어떤 상태에 있습니까?

내가 지금 죄 때문에 당하는 고통은 무엇입니까?

____

____

____

4. 예수 그리스도의 죽음

(롬 3:25) 이 예수를 하나님이 그의 피로써 믿음으로 말미암는 화목제물로 세우셨으니 이는 하나님께서 길이 참으시는 중에 전에 지은 죄를 간과하심으로 자기의 의로우심을 나타내려 하심이니 (롬 3:26) 곧 이 때에 자기의 의로우심을 나타내사 자기도 의로우시며 또한 예수 믿는 자를 의롭다 하려 하심이라

(롬 5:8) 우리가 아직 죄인 되었을 때에 그리스도께서 우리를 위하여 죽으심으로 하나님께서 우리에 대한 자기의 사랑을 확증하셨느니라

(롬 5:9) 그러면 이제 우리가 그의 피로 말미암아 의롭다 하심을 받았으니 더욱 그로 말미암아 진노하심에서 구원을 받을 것이니

(벧전 2:24) 친히 나무에 달려 그 몸으로 우리 죄를 담당하셨으니 이는 우리로 죄에 대하여 죽고 의에 대하여 살게 하려 하심이라 그가 채찍에 맞음으로 너희는 나음을 얻었나니

1) 예수님의 십자가는 하나님의 어떤 성품을 드러냈습니까?

하나님에 대한 인간의 편견은 무엇이라고 생각합니까?

____

____

____

____

____

2) 예수님이 십자가에서 하신 일을 크게 두 가지로 말해 보십시오.

____

____

3) 예수님의 죽으심으로 나는 어떻게 살아야 하겠습니까?(벧전 2:24)

____

____

4) 내가 지금 죄악을 끊어 버려야 할 것은 무엇입니까?

____

5. 하나님의 사랑

1) 하나님의 사랑이 어떻게 나타났습니까?

(요일 4:9) 하나님의 사랑이 우리에게 이렇게 나타난 바 되었으니 하나님이 자기의 독생자를 세상에 보내심은 그로 말미암아 우리를 살리려 하심이라

(요일 4:10) 사랑은 여기 있으니 우리가 하나님을 사랑한 것이 아니요 하나님이 우리를 사랑하사 우리 죄를 속하기 위하여 화목 제물로 그 아들을 보내셨음이라

____

____

2) 화목제물이란 무엇을 의미합니까?

____

____

____

____

3) 이제 내가 구원받을 수 있는 길은 무엇입니까?

(롬 3:21) 이제는 율법 외에 하나님의 한 의가 나타났으니 율법과 선지자들에게 증

거를 받은 것이라

(롬 3:27) 무슨 법으로냐 행위로냐 아니라 오직 믿음의 법으로니라

____

____

____

4) 믿는다는 것은 십자가의 사랑을 받아들이는 것입니다.

이 사랑을 받아들이겠습니까? 거부하겠습니까?

내가 화목제물이 되어야 할 곳은 어디이고, 어떻게 화목제물이 되겠습니까?

____

____

____

이 과를 마치면서

1. 하나님의 성품 속에서 예수님이 십자가에서 죽으신 이유가 무엇인지 말해 보십시오.

소감 및 깨달은 말씀

4. 유일한 중보자

"하나님은 한 분이시요 또 하나님과 사람 사이에 중보도 한 분이시니
곧 사람이신 그리스도 예수라" (딤전 2:5)

4

예수님은 하나님이시지만 인간의 몸을 입고 오신 신성과 인성을 가지신 분입니다.

예수님이 양성을 가지심으로 우리의 중보자가 되실 수 있으십니다.

예수께서 신성과 인성 이 양성을 가지셨다는 것이 바로 예수님이 하나님과 우리 사이의 유일한 중보자이시고 구세주이신 이유입니다.

1. 예수님의 탄생

1) 예수님의 탄생에 관한 구약 예언을 말하고, 어떻게 성취되었는지 말해보
   십시오.

(사 7:14) 그러므로 주께서 친히 징조를 너희에게 주실 것이라 보라 처녀가 잉태하
여 아들을 낳을 것이요 그의 이름을 임마누엘이라 하리라

(미 5:2) 베들레헴 에브라다야 너는 유다 족속 중에 작을지라도 이스라엘을 다스릴
자가 네게서 내게로 나올 것이라 그의 근본은 상고에, 영원에 있느니라

(마 1:18) 예수 그리스도의 나심은 이러하니라 그의 어머니 마리아가 요셉과 약혼
하고 동거하기 전에 성령으로 잉태된 것이 나타났더니

(마 1:20) 이 일을 생각할 때에 주의 사자가 현몽하여 이르되 다윗의 자손 요셉아
네 아내 마리아 데려오기를 무서워하지 말라 그에게 잉태된 자는 성령으로 된 것
이라 (마 1:21) 아들을 낳으리니 이름을 예수라 하라 이는 그가 자기 백성을 그들의
죄에서 구원할 자이심이라 하니라 (마 1:22) 이 모든 일이 된 것은 주께서 선지자로
하신 말씀을 이루려 하심이니 이르시되 (마 1:23) 보라 처녀가 잉태하여 아들을 낳
을 것이요 그의 이름은 임마누엘이라 하리라 하셨으니 이를 번역한즉 하나님이
우리와 함께 계시다 함이라

(눅 2:1) 그 때에 가이사 아구스도가 영을 내려 천하로 다 호적하라 하였으니

(눅 2:2) 이 호적은 구레뇨가 수리아 총독이 되었을 때에 처음 한 것이라

(눅 2:3) 모든 사람이 호적하러 각각 고향으로 돌아가매

(눅 2:4) 요셉도 다윗의 집 족속이므로 갈릴리 나사렛 동네에서 유대를 향하여 베
들레헴이라 하는 다윗의 동네로

(눅 2:5) 그 약혼한 마리아와 함께 호적하러 올라가니 마리아가 이미 잉태하였더라

(눅 2:6) 거기 있을 그 때에 해산할 날이 차서 (눅 2:7) 첫아들을 낳아 강보로 싸서
구유에 뉘었으니 이는 여관에 있을 곳이 없음이러라

(눅 2:20) 목자들은 자기들에게 이르던 바와 같이 듣고 본 그 모든 것으로 인하여
하나님께 영광을 돌리고 찬송하며 돌아가니라

2) 마태복음과 누가복음에서 예수님 탄생에 대한 기사 중에 그 내용과 강조
   하는 바는 무엇입니까?

----

3) 예수님이 구약의 예언대로 탄생하셨다는 사실은 우리에게 예수님이 어
   떤 분이시라는 것을 증거해 줍니까?
   마태복음과 누가복음의 예수님 탄생 기사를 보면서 나는 예수님이 어떤
   분이라고 생각합니까?

----

4) 하나님이 예수님을 이 세상에 탄생시키신 분명한 목적이 있으셨습니다.
   하나님이 나를 이 세상에 태어나게 하신 목적이 무엇이라고 생각합니
   까?

----

2 예수님의 어린 시절의 성장

1) 예수님은 어떻게 성장하셨습니까?

(눅 2:40) 아기가 자라며 강하여지고 지혜가 충만하며 하나님의 은혜가 그의 위에
있더라

(눅 2:52) 예수는 지혜와 키가 자라가며 하나님과 사람에게 더욱 사랑스러워 가시
더라

----

2) 이것은 무엇의 성장을 의미합니까?

____

____

3) 예수님의 성장은 우리의 성장과 어떤 점에서 같습니까?

　 내가 예수님의 성장에서 본받아야 할 것은 무엇입니까?

____

____

4) 나는 어떤 부분의 성장이 미약합니까?

　 그럼 그 부분의 성장을 위해 어떻게 하겠습니까?

____

3. 예수님의 인성

1) 예수님이 우리와 같은 인간성을 가진 분이신 것은 어떤 점에서입니까?

　 그리고 이렇게 되신 것은 예수님에게는 무엇을 의미합니까?

(마 2:1) 헤롯 왕 때에 예수께서 유대 베들레헴에서 나시매

(마 4:2) 사십 일을 밤낮으로 금식하신 후에 주리신지라

(요 4:6) 예수께서 길 가시다가 피곤하여 우물 곁에 그대로 앉으시니

(마 8:24) 배가 물결에 덮이게 되었으되 예수께서는 주무시는지라

(요 19:28) 성경을 응하게 하려 하사 이르시되 내가 목마르다 하시니

____

2) 예수님이 우리와 같은 인성을 가지고 계시지만 우리와 다른 점은 무엇입
　 니까?

　 예수님이 우리의 죄를 대신 담당하실 수 있는 이유가 무엇입니까?

(벧전 2:22) 그는 죄를 범하지 아니하시고 그 입에 거짓도 없으시며

(고후 5:21) 하나님이 죄를 알지도 못하신 이를 우리를 대신하여 죄로 삼으신 것은 우리로 하여금 그 안에서 하나님의 의가 되게 하려 하심이라

3) 예수님이 우리와 같은 인성을 가지신 점은 우리에게 어떤 도움을 줍니까?

(히 2:17) 그러므로 그가 범사에 형제들과 같이 되심이 마땅하도다 이는 하나님의 일에 자비하고 신실한 대제사장이 되어 백성의 죄를 속량하려 하심이라

(히 2:18) 그가 시험을 받아 고난을 당하셨은즉 시험 받는 자들을 능히 도우실 수 있느니라

(히 4:15) 우리에게 있는 대제사장은 우리의 연약함을 동정하지 못하실 이가 아니요 모든 일에 우리와 똑같이 시험을 받으신 이로되 죄는 없으시니라

4) 기독교 역사상 예수님의 인성을 부인하는 이단은 어떤 것이 있습니까?
　 예수님의 인성을 부인하면 어떤 결과가 주어집니까?
　 나는 예수님을 누구로 믿고 고백하고 있습니까?

(요일 4:2) 이로써 너희가 하나님의 영을 알지니 곧 예수 그리스도께서 육체로 오신 것을 시인하는 영마다 하나님께 속한 것이요 (요일 4:3) 예수를 시인하지 아니하는 영마다 하나님께 속한 것이 아니니 이것이 곧 적그리스도의 영이니라

(요이 1:7) 미혹하는 자가 세상에 많이 나왔나니 이는 예수 그리스도께서 육체로 오심을 부인하는 자라 이런 자가 미혹하는 자요 적그리스도니

4. 예수님의 신성

1) 사도 요한이 요한복음을 기록한 강조점은 예수님의 신성입니다.

예수님의 신성을 증거하는 내용들에는 어떤 것들이 있는지 말해보십시오.

(요 1:1) 태초에 말씀이 계시니라 이 말씀이 하나님과 함께 계셨으니 이 말씀은 곧 하나님이시니라 (요 1:2) 그가 태초에 하나님과 함께 계셨고

(요 1:3) 만물이 그로 말미암아 지은 바 되었으니 지은 것이 하나도 그가 없이는 된 것이 없느니라

(요 1:14) 말씀이 육신이 되어 우리 가운데 거하시매 우리가 그의 영광을 보니 아버지의 독생자의 영광이요 은혜와 진리가 충만하더라

(요 1:18) 본래 하나님을 본 사람이 없으되 아버지 품 속에 있는 독생하신 하나님이 나타내셨느니라

(요 1:33) 나도 그를 알지 못하였으나 나를 보내어 물로 세례를 베풀라 하신 그이가 나에게 말씀하시되 성령이 내려서 누구 위에든지 머무는 것을 보거든 그가 곧 성령으로 세례를 베푸는 이인 줄 알라 하셨기에

(요 1:34) 내가 보고 그가 하나님의 아들이심을 증거하였노라 하니라

(요 1:47) 예수께서 나다나엘이 자기에게 오는 것을 보시고 그를 가리켜 이르시되 보라 이는 참으로 이스라엘 사람이라 그 속에 간사한 것이 없도다

(요 1:48) 나다나엘이 이르되 어떻게 나를 아시나이까 예수께서 대답하여 이르시되 빌립이 너를 부르기 전에 네가 무화과나무 아래에 있을 때에 보았노라

(요 1:49) 나다나엘이 대답하되 랍비여 당신은 하나님의 아들이시요 당신은 이스라엘의 임금이로소이다

____

____

____

____

____

____

2) 또한 성경에서 예수님의 신성을 보여주는 사건들은 무엇입니까?

(요 20:30) 예수께서 제자들 앞에서 이 책에 기록되지 아니한 다른 표적도 많이 행하셨으나 (요 20:31) 오직 이것을 기록함은 너희로 예수께서 하나님의 아들 그리스도이심을 믿게 하려 함이요

3) 기독교 역사상 예수님의 신성을 부인하는 이단은 어떤 것이 있습니까?

4) 예수님의 신성을 부인하면 어떤 결과가 주어집니까?
   나는 예수님을 누구로 믿고 고백하고 있습니까?

5. 예수님의 양성의 필요성

1) 예수님의 직분은 무엇입니까?

(딤전 2:5) 하나님은 한 분이시요 또 하나님과 사람 사이에 중보자도 한 분이시니 곧 사람이신 그리스도 예수라

2) 예수님의 인성의 필요성과 신성의 필요성은 무엇입니까?

인성의 필요성 :

신성의 필요성 :

3) 어떤 사람들은 예수님이 구원의 길이기도 하지만 산을 올라가는 데는 다른 여러 길도 있다고 가르칩니다.

나는 구원의 다른 길도 있다고 생각합니까?

다른 길도 있다면 어떤 길이 있다고 생각합니까?

(요 14:6) 예수께서 이르시되 내가 곧 길이요 진리요 생명이니 나로 말미암지 않고는 아버지께로 올 자가 없느니라

(행 4:12) 다른 이로써는 구원을 받을 수 없나니 천하 사람 중에 구원을 받을 만한 다른 이름을 우리에게 주신 일이 없음이라 하였더라

4) 나는 구원의 길이 무엇이라고 생각합니까?

나는 예수님을 누구로 알고 누구로 고백하고 있습니까?

이 과를 마치면서

1. 예수님이 유일한 중보자이신 이유가 무엇인지 말해 보십시오.

소감 및 깨달은 말씀

5. 그리스도의 생애

"인자가 온 것은 잃어버린 자를 찾아 구원하려 함이니라" (눅 19:10)

5

예수님은 우리를 죄악 가운데서 구원하시기 위하여 오셨습니다.
뿐만 아니라 예수님은 우리의 전인적인 구원을 위한 삶을 사셨습니다.
예수님은 우리를 구원하기 위해 오셨고, 우리를 위해 사시다가, 우리를 위해 죽으셨습니다.

1. 예수님이 오신 목적

1) 예수님이 이 세상에 오신 목적이 무엇입니까?

(눅 19:10) 인자가 온 것은 잃어버린 자를 찾아 구원하려 함이니라

(막 10:45) 인자가 온 것은 섬김을 받으려 함이 아니라 도리어 섬기려 하고 자기 목숨을 많은 사람의 대속물로 주려 함이니라

2) 예수님이 말씀하신 건강한 자와 병든 자, 의인과 죄인은 누구를 의미합니까?

(마 9:10) 예수께서 마태의 집에서 앉아 음식을 잡수실 때에 많은 세리와 죄인들이 와서 예수와 그의 제자들과 함께 앉았더니 (마 9:11) 바리새인들이 보고 그의 제자들에게 이르되 어찌하여 너희 선생은 세리와 죄인들과 함께 잡수시느냐 (마 9:12) 예수께서 들으시고 이르시되 건강한 자에게는 의사가 쓸 데 없고 병든 자에게라야 쓸 데 있느니라

(마 9:13) 너희는 가서 내가 긍휼을 원하고 제사를 원하지 아니하노라 하신 뜻이 무엇인지 배우라 나는 의인을 부르러 온 것이 아니요 죄인을 부르러 왔노라 하시니라

잃어버린 양은 누구입니까?

(눅 15:7) 내가 너희에게 이르노니 이와 같이 죄인 한 사람이 회개하면 하늘에서는 회개할 것 없는 의인 아흔아홉으로 말미암아 기뻐하는 것보다 더하리라

잃어버린 자는 누구입니까?(눅 19:10)

3) 예수님의 마음은 어떠하셨습니까?

____

____

____

____

4) 나는 구원받기 위해 어떻게 해야 합니까?
   나는 예수님처럼 다른 사람을 전도하기 위해 어떻게 하겠습니까?

____

2. 예수님은 생수의 근원

(요 4:10) 예수께서 대답하여 이르시되 네가 만일 하나님의 선물과 또 네게 물 좀 달라 하는 이가 누구인 줄 알았더라면 네가 그에게 구하였을 것이요 그가 생수를 네게 주었으리라

(요 4:11) 여자가 이르되 주여 물 길을 그릇도 없고 이 우물은 깊은데 어디서 당신이 그 생수를 얻겠사옵나이까

(요 4:13) 예수께서 대답하여 이르시되 이 물을 마시는 자마다 다시 목마르려니와

(요 4:14) 내가 주는 물을 마시는 자는 영원히 목마르지 아니하리니 내가 주는 물은 그 속에서 영생하도록 솟아나는 샘물이 되리라

1) 예수님은 무엇을 주실 수 있는 분이십니까?

____

2) 사마리아 여인이 추구했던 것은 무엇입니까?

____

3) 이 여인의 갈증은 무엇입니까?

____

____

갈증을 해결할 수 있는 방법은 무엇입니까?

____

____

4) 내가 구하고 있는 것은 무엇입니까?

나는 사마리아 여인이 구한 것과 같은 것을 추구하고 있지는 않습니까?

이제 무엇을 구하겠습니까?

____

____

3. 예수님의 전인적인 구원 사역

(마 4:24) 그의 소문이 온 수리아에 퍼진지라 사람들이 모든 앓는 자 곧 각종 병에 걸려서 고통 당하는 자, 귀신 들린 자, 간질하는 자, 중풍병자들을 데려오니 그들을 고치시더라

(사 61:1) 나를 보내사 마음이 상한 자를 고치며 포로된 자에게 자유를, 갇힌 자에게 놓임을 선포하며

(눅 8:24) 제자들이 나아와 깨워 이르되 주여 주여 우리가 죽겠나이다 한대 예수께서 잠을 깨사 바람과 물결을 꾸짖으시니 이에 그쳐 잔잔하여지더라

(마 14:19) 무리를 명하여 잔디 위에 앉히시고 떡 다섯 개와 물고기 두 마리를 가지사 하늘을 우러러 축사하시고 떡을 떼어 제자들에게 주시매 제자들이 무리에게 주니

(마 14:20) 다 배불리 먹고 남은 조각을 열두 바구니에 차게 거두었으며

(마 14:21) 먹은 사람은 여자와 어린이 외에 오천 명이나 되었더라

1) 예수님이 우리의 구원을 위해 어떤 일들을 하셨습니까?

____

____

2) 이것은 예수님의 구원 사역이 영혼의 구원뿐만 아니라 무엇의 구원이라고 말할 수 있겠습니까?

3) 나는 지금 예수님의 어떤 구원(치유)이 필요하다고 생각합니까? 그 구원을 위해 지금 기도를 드리십시오.

4) 예수님은 우리의 필요를 채우기 위해 자신을 내어주셨습니다. 나는 다른 사람의 필요를 위해 줄 수 있는 것이 무엇입니까?

4. 예수님의 자기 선언

(요 6:35) 예수께서 이르시되 나는 생명의 떡이니 내게 오는 자는 결코 주리지 아니할 터이요 나를 믿는 자는 영원히 목마르지 아니하리라

(요 8:12) 예수께서 또 말씀하여 이르시되 나는 세상의 빛이니 나를 따르는 자는 어둠에 다니지 아니하고 생명의 빛을 얻으리라

(요 10:7) 내가 진실로 진실로 너희에게 말하노니 나는 양의 문이라

(요 10:11) 나는 선한 목자라 선한 목자는 양들을 위하여 목숨을 버리거니와

(요 11:25) 예수께서 이르시되 나는 부활이요 생명이니 나를 믿는 자는 죽어도 살겠고

(요 14:6) 예수께서 이르시되 내가 곧 길이요 진리요 생명이니 나로 말미암지 않고는 아버지께로 올 자가 없느니라

(요 15:5) 나는 포도나무요 너희는 가지라 그가 내 안에, 내가 그 안에 거하면 사람이 열매를 많이 맺나니 나를 떠나서는 너희가 아무 것도 할 수 없음이라

1) 예수님은 자신을 어떤 분이라고 말씀하셨습니까?

2) 이것의 의미를 설명해 보십시오.

① ______________________________________

____

② ______________________________________

____

③ ______________________________________

____

④ ______________________________________

____

⑤ ______________________________________

____

⑥ ______________________________________

____

____

⑦ ______________________________________

____

3) 예수님은 우리에게 무엇을 해주실 수 있는 분이십니까?

____

____

4) 나는 나의 삶에서 예수님의 어떤 도움이 필요합니까?

____

5. 예수님에 대한 태도와 결과

(마 11:20) 예수께서 권능을 가장 많이 행하신 고을들이 회개하지 아니하므로 그 때에 책망하시되 (마 11:21) 화 있을진저 고라신아 화 있을진저 벳새다야 너희에게 행한 모든 권능을 두로와 시돈에서 행하였더라면 그들이 벌써 베옷을 입고 재에 앉아 회개하였으리라

(마 11:22) 내가 너희에게 이르노니 심판 날에 두로와 시돈이 너희보다 견디기 쉬우리라

(마 11:23) 가버나움아 네가 하늘에까지 높아지겠느냐 음부에까지 낮아지리라 네게 행한 모든 권능을 소돔에서 행하였더라면 그 성이 오늘까지 있었으리라

(마 11:24) 내가 너희에게 이르노니 심판 날에 소돔 땅이 너보다 견디기 쉬우리라 하시니라

(마 11:25) 그 때에 예수께서 대답하여 이르시되 천지의 주재이신 아버지여 이것을 지혜롭고 슬기 있는 자들에게는 숨기시고 어린 아이들에게는 나타내심을 감사하나이다

1) 예수님께 책망 받은 고을은 어디입니까?

____

2) 이 고을들이 책망 받은 이유는 무엇이고, 어떤 결과를 받게 됩니까?

____

은혜 받은 것과 심판은 어떤 관계가 있습니까?

____

나는 이런 여러 가지 증거를 보았는데 과연 회개하고 믿었습니까?

나는 은혜를 받고 거절하거나 배반한 일은 없습니까?

있다면 무엇인지 말해보십시오.

3) 여기서 지혜로운 자와 어린아이는 어떤 사람입니까?(마 11 : 25)

예수님은 어떤 사람들에게 자신을 숨기시고, 나타내십니까?

4) 내가 지금 해야 될 일은 무엇입니까?

(마 18:4) 누구든지 이 어린 아이와 같이 자기를 낮추는 사람이 천국에서 큰 자니라

(요 7:37) 명절 끝날 곧 큰 날에 예수께서 서서 외쳐 이르시되 누구든지 목마르거든 내게로 와서 마시라

(렘 29:12) 너희가 내게 부르짖으며 내게 와서 기도하면 내가 너희들의 기도를 들을 것이요 (렘 29:13) 너희가 온 마음으로 나를 구하면 나를 찾을 것이요 나를 만나리라

이 과를 마치면서

1. 예수님의 생애가 나의 구원과 어떤 관계가 있는지 말해 보십시오.

(마 11:28) 수고하고 무거운 짐 진 자들아 다 내게로 오라 내가 너희를 쉬게 하리라

소감 및 깨달은 말씀

6. 그리스도의 십자가

"우리가 아직 죄인 되었을 때에 그리스도께서 우리를 위하여 죽으심으로 하나님께서
우리에 대한 자기의 사랑을 확증하셨느니라" (롬 5:8)

6

　예수님이 이 세상에 오셔서 우리의 구원을 위해 하신 핵심적인 일은 십자가에 달려 죽으신 사건입니다.
예수 그리스도의 복음은 십자가의 복음이고, 기독교는 십자가의 종교입니다.
우리는 십자가를 통하여 예수 그리스도의 무한한 구속의 은총을 경험하게 됩니다.

1. 십자가의 고난

(막 15:15) 빌라도가 무리에게 만족을 주고자 하여 바라바는 놓아 주고 예수는 채찍질하고 십자가에 못 박히게 넘겨 주니라

(막 15:16) 군인들이 예수를 끌고 브라이도리온이라는 뜰 안으로 들어가서 온 군대를 모으고

(막 15:17) 예수에게 자색 옷을 입히고 가시관을 엮어 씌우고

(막 15:18) 경례하여 이르되 유대인의 왕이여 평안할지어다 하고

(막 15:19) 갈대로 그의 머리를 치며 침을 뱉으며 꿇어 절하더라

(막 15:20) 희롱을 다 한 후 자색 옷을 벗기고 도로 그의 옷을 입히고 십자가에 못 박으려고 끌고 나가니라

(막 15:21) 마침 알렉산더와 루포의 아버지인 구레네 사람 시몬이 시골로부터 와서 지나가는데 그들이 그를 억지로 같이 가게 하여 예수의 십자가를 지우고

(막 15:22) 예수를 끌고 골고다라 하는 곳(번역하면 해골의 곳)에 이르러

(막 15:23) 몰약을 탄 포도주를 주었으나 예수께서 받지 아니하시니라

(막 15:24) 십자가에 못 박고 그 옷을 나눌새 누가 어느 것을 가질까 하여 제비를 뽑더라

(요 19:34) 그 중 한 군인이 창으로 옆구리를 찌르니 곧 피와 물이 나오더라

1) 예수님이 당하신 고난을 정리해 보십시오.

2) 예수님은 육신의 어떤 부분에 어떤 고난을 당하셨습니까?

이렇게 예수님이 온 몸으로 고난을 당하신 이유가 무엇이라고 생각합니까?

____

____

____

____

____

3) 예수님이 당하신 육신적 고통 외에 영적인 고통은 무엇이었다고 생각합니까?

____

____

____

4) 지금 내가 받고 있는 고난은 무엇입니까?

예수님은 어떤 태도로 고난을 받으셨고, 나는 어떤 태도로 고난을 받고 있습니까?

(사 53:7) 그가 곤욕을 당하여 괴로울 때에도 그의 입을 열지 아니하였음이여 마치 도수장으로 끌려 가는 어린 양과 털 깎는 자 앞에서 잠잠한 양 같이 그의 입을 열지 아니하였도다

예수님은 나를 위해 십자가를 지셨는데, 나는 주님을 위해 어떤 고난을 받겠습니까?

____

2 십자가의 진노

1) 죄를 지은 사람은 어떤 상태에 놓여 있습니까?

(요 3:36) 아들에게 순종하지 아니하는 자는 영생을 보지 못하고 도리어 하나님의 진노가 그 위에 머물러 있느니라

---

2) 하나님께서 우리의 죄를 누구에게 담당시키셨습니까?

　 예수님이 어린양이라는 것은 무엇을 의미합니까?

(사 53:6) 우리는 다 양 같아서 그릇 행하여 각기 제 길로 갔거늘 여호와께서는 우리 모두의 죄악을 그에게 담당시키셨도다

(요 1:29) 이튿날 요한이 예수께서 자기에게 나아오심을 보고 이르되 보라 세상 죄를 지고 가는 하나님의 어린 양이로다

(히 9:28) 이와 같이 그리스도도 많은 사람의 죄를 담당하시려고 단번에 드리신 바 되셨고

---

3) 예수님이 십자가에서 죽으신 것은 무엇을 말합니까?

　 이것은 하나님의 어떤 요구를 이루어 드린 것입니까?

(갈 3:13) 그리스도께서 우리를 위하여 저주를 받은 바 되사 율법의 저주에서 우리를 속량하셨으니 기록된 바 나무에 달린 자마다 저주 아래에 있는 자라 하였음이라

---

4) 나는 예수님이 십자가에서 처참하게 죽으신 것처럼 죽어야 할 죄인입니다. 십자가를 바라보며 내 죄를 깨닫고 회개하십시오.

　 하나님은 죄를 반드시 심판하십니다.

　 십자가는 죄에 대한 하나님의 심판이었습니다.

　 십자가는 흉악한 죄인을 처형하는 참혹한 형틀이었습니다.

　 이러한 부끄러운 십자가를 왜 그리스도인들은 자랑합니까?

(갈 6:14) 그러나 내게는 우리 주 예수 그리스도의 십자가 외에 결코 자랑할 것이

없으니

3. 십자가의 사랑

1) 예수님은 우리가 어떤 상태에 있었을 때 죽어주셨습니까?

(롬 5:8) 우리가 아직 죄인 되었을 때에 그리스도께서 우리를 위하여 죽으심으로 하나님께서 우리에 대한 자기의 사랑을 확증하셨느니라

(롬 5:9) 그러면 이제 우리가 그의 피로 말미암아 의롭다 하심을 받았으니 더욱 그로 말미암아 진노하심에서 구원을 받을 것이니

(롬 5:10) 곧 우리가 원수 되었을 때에 그의 아들의 죽으심으로 말미암아 하나님과 화목하게 되었은즉

(겔 16:4) 네가 난 것을 말하건대 네가 날 때에 네 배꼽 줄을 자르지 아니하였고 너를 물로 씻어 정결하게 하지 아니하였고 네게 소금을 뿌리지 아니하였고 너를 강보로 싸지도 아니하였나니

(겔 16:5) 아무도 너를 돌보아 이 중에 한 가지라도 네게 행하여 너를 불쌍히 여긴 자가 없었으므로 네가 나던 날에 네 몸이 천하게 여겨져 네가 들에 버려졌느니라

(겔 16:6) 내가 네 곁으로 지나갈 때에 네가 피투성이가 되어 발짓하는 것을 보고 네게 이르기를 너는 피투성이라도 살아 있으라 다시 이르기를 너는 피투성이라도 살아 있으라 하고

2) 예수님이 우리를 위해 죽어주실 무슨 이유가 있으셨습니까?
   예수님이 죽어주신 것은 무엇 때문입니까?

3) 예수님이 십자가에서 죽어주신 사랑을 우리는 어떤 사랑이라고 표현할
   수 있겠습니까?
   ____

4) 이런 사랑을 받은 나는 어떤 사람을 사랑해야겠습니까?
   십자가의 사랑에 대한 나의 반응은 무엇입니까?
   ____
   ____
   ____

4. 십자가의 사역

(엡 1:7) 우리는 그리스도 안에서 그의 은혜의 풍성함을 따라 그의 피로 말미암아
속량 곧 죄 사함을 받았느니라
(롬 5:9) 그러면 이제 우리가 그의 피로 말미암아 의롭다 하심을 받았으니
(롬 5:10) 곧 우리가 원수 되었을 때에 그의 아들의 죽으심으로 말미암아 하나님과
화목하게 되었은즉
(골 2:15) 통치자들과 권세들을 무력화하여 드러내어 구경거리로 삼으시고 십자가
로 그들을 이기셨느니라

1) 예수님이 십자가에서 이루신 사역들은 무엇입니까?
   ____
   ____

2) 이 사역들의 의미를 설명하십시오.
   ____
   ____
   ____
   ____
   ____

3) 나의 구속이 얼마나 가치 있는 것인지를 말하고, 감사드리기 바랍니다.

내가 얼마나 가치 있는 존재인지를 알고 자존감을 가집시다.

(벧전 1:18) 너희가 알거니와 너희 조상이 물려 준 헛된 행실에서 대속함을 받은 것은 은이나 금 같이 없어질 것으로 된 것이 아니요

(벧전 1:19) 오직 흠 없고 점 없는 어린 양 같은 그리스도의 보배로운 피로 된 것이니라

4) 예수님이 우리를 위해 십자가에서 이루신 사역으로 인해 얼마나 감격하십니까?

예수님이 십자가에서 죽으셔서 이루신 결과가 나의 것이 되기 위해서는 내가 어떻게 해야 합니까?

나는 십자가의 구원을 누구에게 전하겠습니까?

5. 누구 때문에

1) 예수님은 무슨 죄가 있으셔서 죽으셨습니까?

(눅 23:4) 빌라도가 대제사장들과 무리에게 이르되 내가 보니 이 사람에게 죄가 없도다

예수님을 죽이는데 참여한 사람들은 어떤 사람들입니까?(막 15장)

2) 예수님은 누가 죽였고, 누구 때문에 죽으셨다고 생각합니까?

왜 그렇다고 생각합니까?

3) 예수님이 죽으신 이유가 무엇입니까?

   나는 내가 얼마나 큰 죄인이라는 사실을 알고 있습니까?

   ____

   ____

4) 나는 지금도 예수님을 십자가에 못 박고 있지는 않습니까?

   지금 내가 회개하고 떠나야 할 죄는 무엇입니까?

   내가 짊어져야 할 십자가는 무엇입니까?

   ____

   ____

   ____

이 과를 마치면서

1. 십자가의 양면성은 무엇입니까?

2. 예수님의 십자가의 사랑을 깊이 묵상해 보고 감사하십시오.

소감 및 깨달은 말씀

7. 그리스도의 부활

"그러나 이제 그리스도께서 죽은 자 가운데서 다시 살아 나사 잠자는 자들의
첫 열매가 되셨도다" (고전 15:20)

7

예수님은 예언대로 죽은 자 가운데서 살아나셨습니다.

부활은 이적 중의 이적이며, 부활의 표적은 우리가 믿을 수 있는 가장 큰 표적입니다.

예수님의 십자가와 더불어 부활은 복음의 두 기둥입니다.

예수님이 우리의 구원을 위해 하신 핵심적인 일은 십자가에서 죽으시고 부활하신 사건입니다.

1. 부활의 증거

1) 예수님이 부활하신 후 바로 승천하지 않으신 이유가 무엇입니까?

(행 1:3) 그가 고난 받으신 후에 또한 그들에게 확실한 많은 증거로 친히 살아 계심을 나타내사 사십 일 동안 그들에게 보이시며 하나님 나라의 일을 말씀하시니라

2) 우리가 부활을 믿을 수 있는 증거는 무엇입니까?

(고전 15:3) 내가 받은 것을 먼저 너희에게 전하였노니 이는 성경대로 그리스도께서 우리 죄를 위하여 죽으시고

(고전 15:4) 장사 지낸 바 되셨다가 성경대로 사흘 만에 다시 살아나사

(고전 15:5) 게바에게 보이시고 후에 열두 제자에게와

(고전 15:6) 그 후에 오백여 형제에게 일시에 보이셨나니 그 중에 지금까지 대다수는 살아 있고 어떤 사람은 잠들었으며

(고전 15:7) 그 후에 야고보에게 보이셨으며 그 후에 모든 사도에게와

(고전 15:8) 맨 나중에 만삭되지 못하여 난 자 같은 내게도 보이셨느니라

이외에도 예수님의 부활을 증거하는 것에는 어떤 것들이 있는지 아는 대로 말해 보십시오.

3) 나는 예수님의 부활이 믿어집니까?

예수님의 부활을 믿지 못한다면 그 이유가 무엇인지 말해 보십시오.

4) 예수님의 부활은 역사적 사실입니다.

우리가 믿지 않을래야 믿지 않을 수 없는 확실한 수많은 증거들을 주셨습니다.

그렇다면 나는 예수님을 누구로 믿고 고백하겠습니까?

2. 부활의 확증

(눅 24:25) 이르시되 미련하고 선지자들이 말한 모든 것을 마음에 더디 믿는 자들이여

(눅 24:26) 그리스도가 이런 고난을 받고 자기의 영광에 들어가야 할 것이 아니냐 하시고

(눅 24:27) 이에 모세와 모든 선지자의 글로 시작하여 모든 성경에 쓴 바 자기에 관한 것을 자세히 설명하시니라

1) 부활하신 예수님이 찾아가서 만난 사람은 누구이며, 어떤 상태에 있었습니까?

2) 부활을 믿지 못하는 제자에게 주님은 자신의 부활을 어떻게 증거하셨습니까?

왜 그렇게 증거하셨다고 생각합니까?

3) 오늘날 주님은 사람들의 마음을 어떻게 고치시며, 자신의 부활을 어떻게 증거하십니까?

4) 우리는 예수님의 부활을 직접 보지는 못했지만, 예수님의 부활을 어떻게 믿을 수 있습니까?

예수님의 부활을 보고 믿는 사람과 보지 못하고 믿는 사람 중에 누가 더 복됩니까? 왜 그렇습니까?

(요 20:29) 예수께서 이르시되 너는 나를 본 고로 믿느냐 보지 못하고 믿는 자들은 복되도다 하시니라

3. 부활의 의의

1) 예수님의 부활은 어떤 의의를 가지고 있습니까?

(롬 1:4) 성결의 영으로는 죽은 자들 가운데서 부활하사 능력으로 하나님의 아들로 선포되셨으니 곧 우리 주 예수 그리스도시니라

(히 9:12) 염소와 송아지의 피로 하지 아니하고 오직 자기의 피로 영원한 속죄를 이루사 단번에 성소에 들어가셨느니라

(요 8:40) 지금 하나님께 들은 진리를 너희에게 말한 사람인 나를 죽이려 하는도다

2) 예수님의 부활은 우리의 구원과 어떤 관계를 가지고 있습니까?

아브라함은 어떻게 의롭다 하심을 받았습니까?

인간이 의롭다 하심을 받는 길은 무엇입니까?

(고전 15:17) 그리스도께서 다시 살아나신 일이 없으면 너희의 믿음도 헛되고 너희가 여전히 죄 가운데 있을 것이요

(롬 4:19) 그가 백 세나 되어 자기 몸이 죽은 것 같고 사라의 태가 죽은 것 같음을 알고도 믿음이 약하여지지 아니하고 (롬 4:20) 믿음이 없어 하나님의 약속을 의심하지 않고 믿음으로 견고하여져서 하나님께 영광을 돌리며 (롬 4:21) 약속하신 그 것을 또한 능히 이루실 줄을 확신하였으니 (롬 4:22) 그러므로 그것이 그에게 의로 여겨졌느니라

(롬 4:23) 그에게 의로 여겨졌다 기록된 것은 아브라함만 위한 것이 아니요

(롬 4:24) 의로 여기심을 받을 우리도 위함이니 곧 예수 우리 주를 죽은 자 가운데서 살리신 이를 믿는 자니라 (롬 4:25) 예수는 우리가 범죄한 것 때문에 내줌이 되고 또한 우리를 의롭다 하시기 위하여 살아나셨느니라

---

3) 나는 나의 육체가 부활할 것을 믿습니까?

예수님의 부활은 나의 부활과 어떤 관계가 있습니까?

(고전 15:20) 그러나 이제 그리스도께서 죽은 자 가운데서 다시 살아나사 잠자는 자들의 첫 열매가 되셨도다

(고전 15:23) 그러나 각각 자기 차례대로 되리니 먼저는 첫 열매인 그리스도요 다음에는 그가 강림하실 때에 그리스도에게 속한 자요

---

4) 내가 구원받기 위해서는 어떻게 해야 합니까?

(롬 10:9) 네가 만일 네 입으로 예수를 주로 시인하며 또 하나님께서 그를 죽은 자 가운데서 살리신 것을 네 마음에 믿으면 구원을 받으리라

(롬 10:10) 사람이 마음으로 믿어 의에 이르고 입으로 시인하여 구원에 이르느니라

4. 부활의 신앙

1) 예수님을 믿는 사람은 죽은 자 가운데서 살리심을 받은 사람입니다.

우리는 지금 부활의 생명을 누리며, 어떻게 살아가야 합니까?

(엡 1:19) 그의 힘의 위력으로 역사하심을 따라 믿는 우리에게 베푸신 능력의 지극히 크심이 어떠한 것을 너희로 알게 하시기를 구하노라

(갈 2:20) 내가 그리스도와 함께 십자가에 못 박혔나니 그런즉 이제는 내가 사는 것이 아니요 오직 내 안에 그리스도께서 사시는 것이라 이제 내가 육체 가운데 사는 것은 나를 사랑하사 나를 위하여 자기 자신을 버리신 하나님의 아들을 믿는 믿음 안에서 사는 것이라

(고전 15:57) 우리 주 예수 그리스도로 말미암아 우리에게 승리를 주시는 하나님께 감사하노니

2) 성도의 부활의 몸은 어떠하리라고 생각합니까?

(빌 3:21) 그는 만물을 자기에게 복종하게 하실 수 있는 자의 역사로 우리의 낮은 몸을 자기 영광의 몸의 형체와 같이 변하게 하시리라

(눅 24:39) 내 손과 발을 보고 나인 줄 알라 또 나를 만져 보라 영은 살과 뼈가 없으되 너희 보는 바와 같이 나는 있느니라

(요 20:19) 이 날 곧 안식 후 첫날 저녁 때에 제자들이 유대인들을 두려워하여 모인 곳의 문들을 닫았더니 예수께서 오사 가운데 서서 이르시되 너희에게 평강이 있

을지어다

(고전 15:42) 죽은 자의 부활도 그와 같으니 썩을 것으로 심고 썩지 아니할 것으로 다시 살아나며 (고전 15:43) 욕된 것으로 심고 영광스러운 것으로 다시 살아나며 약한 것으로 심고 강한 것으로 다시 살아나며 (고전 15:44) 육의 몸으로 심고 신령한 몸으로 다시 살아나나니 육의 몸이 있은즉 또 영의 몸도 있느니라

---

3) 부활의 증인들은 생명을 바쳐 부활을 증거하는 삶을 살았습니다.
   나는 부활하신 주님을 누구에게 증거하여 부활의 생명을 얻게 하겠습니까?
(행 2:32) 이 예수를 하나님이 살리신지라 우리가 다 이 일에 증인이로다

---

4) 나는 영생을 위해 무엇을 투자하고, 천국을 위해 무엇을 심겠습니까?

---

5. 부활 후 천상 사역

1) 승천하신 주님은 지금 어디에 계십니까?
거기에서 주님은 지금 무슨 역할을 하고 계십니까?
(롬 8:34) 누가 정죄하리요 죽으실 뿐 아니라 다시 살아나신 이는 그리스도 예수시니 그는 하나님 우편에 계신 자요 우리를 위하여 간구하시는 자시니라
(요일 2:1) 만일 누가 죄를 범하여도 아버지 앞에서 우리에게 대언자가 있으니 곧 의로우신 예수 그리스도시라

---

2) 구체적으로 어떤 일들을 하고 계십니까?

(히 4:15) 우리에게 있는 대제사장은 우리의 연약함을 동정하지 못하실 이가 아니요 모든 일에 우리와 똑같이 시험을 받으신 이로되 죄는 없으시니라

(히 4:16) 그러므로 우리는 긍휼하심을 받고 때를 따라 돕는 은혜를 얻기 위하여 은혜의 보좌 앞에 담대히 나아갈 것이니라

3) 나는 예수님의 구원 사역이 지상 사역으로 끝난 것이 아니라 지금도 천상에서 사역이 계속되고 있다는 사실에 대해 어떤 생각이 듭니까?

4) 내가 지금 도움 받기 위해 기도해야 할 것은 무엇입니까?
   나는 누구를 위해 기도하겠습니까?

이 과를 마치면서

1. 나는 부활하신 주님을 내 마음문 밖에 세워 두고 있지는 않습니까?

(계 3:20) 볼지어다 내가 문 밖에 서서 두드리노니 누구든지 내 음성을 듣고 문을 열면 내가 그에게로 들어가 그와 더불어 먹고 그는 나와 더불어 먹으리라

소감 및 깨달은 말씀

<u>출 석 부</u>

제　　　권　제자양육, 훈련, 무장 과정　　　단계

출석　╱8 – 지각　　　예습 │A,B,C 중│　　　기도 │5번│ 일 : 10분 이상

날짜	과	이 름	출 석	예 습	성경읽기	기 도	큐 티	암 송	과 제	인도자

제　　　권　제자양육, 훈련, 무장 과정　　　단계

출석　╱8 – 지각　　　예습 │A,B,C 중│　　　기도 │5번│ 일 : 10분 이상

두루제자훈련 제자화 **과정** •··

| 제자 양육 과정 5단계(35과) |

1권 110   제자 양육 1단계(7과): 그리스도의 복음

2권 120   제자 양육 2단계(7과): 그리스도인의 성장

3권 130   제자 양육 3단계(7과): 그리스도인의 새생활

4권 140   제자 양육 4단계(7과): 그리스도의 교회

5권 150   제자 양육 5단계(7과): 그리스도인의 예배

| 제자 훈련 과정 5단계(35과) |

6권 210   제자 훈련 1단계(7과): 그리스도인의 새생명

7권 220   제자 훈련 2단계(7과): 그리스도인의 확신

8권 230   제자 훈련 3단계(7과): 그리스도인의 생활

9권 240   제자 훈련 4단계(7과): 그리스도의 교리

10권 250   제자 훈련 5단계(7과): 그리스도인의 성숙

| 제자 무장 과정 5단계(35과) |

11권 310   제자 무장 1단계(7과): 그리스도의 제자

12권 320   제자 무장 2단계(7과): 그리스도인의 성품

13권 330   제자 무장 3단계(7과): 그리스도의 제자도

14권 340   제자 무장 4단계(7과): 그리스도인의 사역

15권 350   제자 무장 5단계(7과): 그리스도인의 지도력

우리는 평신도를 제자화하여 하나님의 나라를 확장한다.

1. 1992.1.28. 마태복음 9:35-38에 예수님이 모든 도시와 마을에 두루 다니사 가르치시며(teaching ministry) 전파하시며(preaching ministry) 고치시는(healing ministry) 사역을 하신 것을 통하여 두루선교에 대한 비전을 주셨다.

2. 우리는 교회를 중심한 제자훈련을 열심히 실시하여 왔으며 우리의 목표는 평신도를 제자화하여 하나님 나라를 확장하는 것이다.

3. 2004. 9.5. 창대교회에서 두루선교대회를 개최하여 캠퍼스 간사와 리더들과 평신도 리더들을 파송하고 지부와 교회 사역자들과 후원 이사들을 위촉하였다.

4. 두루제자훈련원 세미나는 2004년 12월 겨울학기부터 시작하게 되었는데 1년 7학기로 정기세미나를 실시하고 있다.

    1) 초봄 학기: 2월~3월 7주　　4) 여름 학기: 8월 집중　　　7) 겨울학기: 1월 집중
    2) 봄 학기: 4월~5월 7주　　5) 가을 학기: 9월~10월 7주
    3) 늦봄 학기: 6월~7월 7주　　6) 늦가을학기: 11월~12월 7주

5. 현재 세미나는 목회자반과 평신도반이 개설되어 있으며 캠퍼스는 연세대, 서울대, 이화여대 등 여러 대학에서 사역하고 있다.

6. 두루제자훈련원 중점 사역들(교회 중심의 제자훈련)

    1) 단계별 소그룹 성경공부

        ① 제자양육과정(5단계: 35과)

        ② 제자훈련과정(5단계: 35과)

        ③ 제자무장과정(5단계: 35과)

    2) 주제별(연역적인 방법) 성경강의(100 Topics)

    3) 책별(귀납적인 방법) 성경연구(신구약 66권)

    4) 제자수련회를 통한 영성훈련

7. 세미나 및 교재에 대한 문의

    두루제자훈련원 평생 전화/ 0505-500-0505

    이메일 · duru@hanmail.net　홈페이지 · www.durums.org

    해외나 멀리 계신 분은 인터넷으로 통화할 수 있습니다.

8. 해외나 지역, 교회, 캠퍼스, 직장 등에서 제자훈련 사역을 하실 분은 연락 바랍니다.

9. 등록 및 후원 입금계좌: 신한은행 110-115-963454 (계좌명: 두루선교회)

저자 이문선 목사

총신대학교 신학대학원 3년 재학 중 제자훈련을 연구하여 논문을 작성하였고 캘리포니아신학대학원에서 제자훈련 논문을 출판하였다. 비브리칼신학대학원 목회학 박사과정 논문을 준비하고 있으며 지금까지 20년 이상 제자훈련을 연구하며 실시하고 있다. 현재 대한예수교장로회 총회(합동) 서울북노회 창대교회(일산) 담임목사로 섬기고 있으며 프리셉트 전문 강사로 일산을 중심으로 1998년부터 8년째 90학기(10주 과정) 정도 신구약 성경을 강의하였다. 두루제자훈련원(두루선교회)을 설립하여 2004년 12월부터 1년 7학기로 정기세미나를 인도하고 있으며 현재 목회자반과 평신도반을 강의하고 있고 연세대와 서울대와 이화여대를 중심으로 캠퍼스 사역을 실시하고 있다.

논문: 제자훈련의 이론과 실제
교재: 두루제자화 과정

제1권 110 제자양육 1단계 그리스도의 복음	제2권 120 제자양육 2단계 그리스도인의 성장
제3권 130 제자양육 3단계 그리스도인의 새생활	제4권 140 제자양육 4단계 그리스도의 교회
제5권 150 제자양육 5단계 그리스도인의 예배	제6권 210 제자훈련 1단계 그리스도인의 새생명
제7권 220 제자훈련 2단계 그리스도인의 확신	제8권 230 제자훈련 3단계 그리스도인의 생활
제9권 240 제자훈련 4단계 그리스도의 교리	제10권 250 제자훈련 5단계 그리스도인의 성숙
제11권 310 제자무장 1단계 그리스도의 제자	제12권 320 제자무장 2단계 그리스도인의 성품
제13권 330 제자무장 3단계 그리스도의 제자도	제14권 340 제자무장 4단계 그리스도인의 사역
제15권 350 제자무장 5단계 그리스도인의 지도력	

두 루 제 자 훈 련 원   제 자 화   과 정
제6권 제자훈련 1단계 그리스도인의 새생명

초판1쇄 발행일 | 2006년 3월 2일
초판3쇄 발행일 | 2021년 11월 30일

지은이|이문선 펴낸이|김학룡 펴낸곳|엔크리스토
마케팅|유영진, 조형준 관리부|오연희
교정|김의수, 임유진 표지그림|진형주

출판등록|2004년 12월 8일(제2004-116호)
주소| 경기도 고양시 일산동구 장항동 585-2
전화|(031) 906-9191 팩스|0505-365-9191
이메일|9191@korea.com
공급처|(주)기독교출판유통

ISBN 89-92027-06-0 04230
        89-92027-02-8(세트)

● 잘못된 책은 바꾸어 드립니다.
● 이 교재의 사용 방법, 내용, 훈련, 세미나에 대한 문의는 두루제자훈련원(0505-500-0505)으로 해주시면 최선을 다해 도와드리겠습니다.